Fondamenti di Psicologia Clinica

Dr. Juan Moisés de la Serna

www.juanmoisesdelaserna.es/it

Traduzione di Daniela Mameli

Prefazione

La Psicologia Clinica è uno degli sbocchi professionali più scelto da coloro che intraprendono la carriera universitaria in Psicologia per dedicarsi all'attenzione psicologica delle persone che mostrano o meno psicopatologie. Inoltre la Psicologia Clinica è, per quanto riguarda il lavoro dello psicologo, il ramo più famoso tra la gente comune: ambito sempre più ampio grazie ai grandi benefici che si possono ottenere potendo contare su professionisti specializzati nella conoscenza delle varie modalità in cui le persone sentono, pensano e si comportano.

Indice

Juan Moises de la Serna

Dedicato ai miei genitori

Avviso Legale

Senza regolare autorizzazione del detentore dei diritti d'autore, è vietata la riproduzione totale o parziale di questo libro, compresa la sua incorporazione a un sistema informatico e la sua trasmissione, in qualsiasi forma o con qualsiasi mezzo (sia attraverso mezzi elettronici, meccanici, fotocopie, registrazioni audio o altri mezzi). L'infrazione dei diritti sopra menzionati è considerata un delitto contro la proprietà intellettuale (Art. 270 ss. del Codice Penale spagnolo).

Se si ha l'esigenza di fotocopiare o scannerizzare qualche frammento di quest'opera rivolgersi a C.E.D.R.O. (Centro Spagnolo dei Diritti Reprografici): si può contattare attraverso il sito web www.conlicencia.com o tramite telefono al 91 702 19 70 / 93 272 04 47.

Capitolo 1. Storia e principi della Psicologia Clinica

Prima di ripercorrere l'evoluzione della Psicologia Clinica occorre tenere in conto che si tratta di un ramo della Psicologia: scienza sperimentale che nacque nella seconda metà del XIX° secolo grazie alla ricerca sui processi psicofisiologici di Wilhelm Wundt.

Questo non significa che prima di allora non erano stati realizzati studi e osservazioni in ambito psicologico, incluso in quello della psicologia clinica, ma furono effettuati da altre scienze come la filosofia, l'antropologia o la medicina, tutto ciò senza una base né un modello che la sostenesse.

A partire da questa prima ricerca, in psicologia iniziano a presentarsi ricercatori "preoccupati" per questa nuova branca della psicologia, apportando dati, esperienze e teorie; allo stesso tempo tentano di porre l'attenzione su ciò che finora era stato chiamato "mente" e che in molti circoli scientifici era considerato come pseudoscienza.

Grazie ai progressi in psicometria, neurologia e altre scienze si sono potuti dimostrare e osservare i fenomeni descritti dalla psicologia, confermando o ribattendo le teorie esplicative del momento.

Riguardo alla salute mentale si fecero grandi passi in avanti incorporando il metodo scientifico nelle osservazioni e nel trattamento utilizzato, in cui oltre agli aspetti meramente fisici (manifestazioni) si tenevano in considerazione le persone nel loro insieme (sintomi).

Furono numerosi gli approcci che nei primi momenti della nascita della psicologia clinica cercavano di propinare le giuste informazioni riguardo all'origine e al trattamento più adeguato, come nel caso del mesmerismo di Franz Mésmer, il quale modellò le basi dell'Ipnosi Clinica attuale.

Intorno allo stesso periodo nacque la cosiddetta Medicina Antropologica, sviluppando il termine di "patologia biografica" il quale indica che le patologie possono essere comprese se si conosce la biografia del paziente.

Il processo secondo cui l'affettività fa ammalare il paziente si chiama destrutturazione psicosomatica dell'affetto, proveniente da un affetto rifiutato che non si trasforma in cosciente.

- Scuola d'Inghilterra, riprendono la diade madre-figlio, come asse fondamentale per la strutturazione della persona, che si produce a partire dal primo anno di vita, essendo la somatizzazione l'espressione attraverso il corpo, dato come modalità di relazione preesistente all'apparizione del linguaggio. Queste strutture basate sull'esperienza del neonato si fissano in una di queste due posizioni, la schizoide (davanti a un io immaturo guidato dai suoi istinti più basilari) e la depressiva (l'io percepisce le sfumature ed è esposto alla realtà esteriore).

Queste due posizioni, secondo Klein, stabiliscono come si relazionerà la persona con l'ansia, così come il suo meccanismo di difesa. L'ansia per questo avvicinamento sarà cruciale nei primi mesi di vita, giacché configurerà il mondo interiore e determinerà il modo in cui la persona si relazionerà con il mondo esteriore nel futuro.

Come abbiamo visto, la Psicologia Clinica nacque come un ramo della Psicologia specializzata nell'ambito della salute mentale, campo che ha condiviso fin dalle sue origini con la Psichiatria.

Di fatto, si è discusso molto sui risvolti di entrambi gli ambiti di intervento, nonostante provengano da approcci totalmente differenti: la prima, la Psicologia Clinica, come ramo della psicologia, dedicata allo studio e ricerca della persona, in questo caso con patologie mentali. La seconda, la Psichiatria, è un ramo della medicina incentrata nell'accudire i malati con problemi di salute mentale.

Occorre tenere in conto che le modalità di lavoro di entrambe le discipline sono differenti: in molti paesi, il medico specialista, lo psichiatra può ricettare farmaci in quanto trattamento principale utilizzato.

Mentre lo psicologo clinico non può prescrivere farmaci, nonostante si sia formato attraverso corsi universitari di psicofarmacologia, centrando l'intervento nei pazienti attraverso la psicoterapia.

È chiaro che in alcuni paesi, come ad esempio gli Stati Uniti, gli psicologi possono prescrivere farmaci, soprattutto se associati al controllo dello stato d'animo, come antidepressivi o ansiolitici, anche se in maniera limitata.

Allo stesso modo, l'approssimazione tra manifestazioni e sintomi di cui si parlerà nel prossimo capitolo è differente: gli psichiatri si baseranno soprattutto sulla presenza di manifestazioni cliniche, mentre gli psicologi si baseranno sui sintomi.

Se finora abbiamo parlato della salute mentale o psicopatologie, manca definire questo campo di studio. Per questo fine facciamo eco delle parole dell'Organizzazione Mondiale della Salute, la quale definisce la salute come:

"La salute è uno stato di completo benessere fisico, mentale e sociale, non solo l'assenza di malattie"

L'ambito della Psicologia Clinica farebbe poi riferimento alla mancanza di salute della persona, ma delimitandosi all'aspetto "mentale" dello stesso.

Anche se occorre segnalare che la malattia mentale, tale e quale come vedremo nel terzo capitolo, ha un'origine multifattoriale e allo stesso modo avrà conseguenze sulla persona che lo patisce, i suoi familiari, parenti e amici, conseguenze che influiscono nell'ambito psicologico delle relazioni interpersonali, oltre che lavorativo o del rendimento scolastico.

Se parliamo di conseguenze psicologiche, occorre tenere in conto che una delle difficoltà per i pazienti con disturbi di salute mentale è lo stigma sociale che questa implica in alcuni, cosicché se già è dura avere una malattia, lo è ancor di più quando gli altri ne sono a conoscenza, giacché il paziente non sa come reagirà chi gli sta intorno.

Uno dei problemi aggiunti ai pazienti è l'incomprensione dei suoi familiari e amici. Tale incomprensione inizialmente si produce quando esiste una mancanza di conoscenza su tale sofferenza, come si è contratto, in che modo reca disturbi al paziente, ma soprattutto come deve essere trattato il paziente.

Tradizionalmente, i pazienti con la schizofrenia venivano isolati dal resto del mondo, confinati nelle loro case o nei centri specializzati, dove non potevano "far del male" a qualcuno: questa realtà veniva nascosta dalla famiglia poiché era una vergogna. Gli amici, dal canto loro, erano soliti allontanarsi visto che non era una "malattia" conosciuta e non si sapeva se potesse essere pericoloso, contagioso o curabile: è ciò che viene chiamato stigmatizzazione, per cui un paziente porta quasi un "cartello" che dice "attenzione" e gli altri, vedendo tale etichetta, reagiscono isolandolo.

Qualcosa di simile è successo con una malattia, con la quale non si sapeva molto bene come reagire davanti ad essa: l' H.I.V. (Virus di Immunodeficienza Umana), una malattia che ebbe il suo apice intorno agli anni Ottanta e che si estese rapidamente tra coloro che avevano abitudini rischiose relazionate con il sesso o con il consumo di droghe.

Un'associazione che inizialmente favorì lo sviluppo dell'idea generale di tale "cartello" che permise la stigmatizzazione, dando così origine a sentimenti di rifiuto e incomprensione.

La stigmatizzazione non è solo un rifiuto frontale nel quale poco a poco si esclude la persona dal realizzare attività con i suoi amici e compagni, ma è ancora più sottile, facendo sì che questi pazienti abbiano maggiori difficoltà quando decidono di cercare un lavoro o tenerselo. In questo modo, la società li esclude poco a poco, poiché senza lavoro le possibilità economiche sono limitate e così anche le sue possibilità di sviluppo personale e sociale.

Come già visto, sia che si soffra di una malattia mentale come la schizofrenia, o che si soffra di una malattia fisica da contagio come l'A.I.D.S (Sindrome di Immunodeficienza Acquisita) i due tipi di pazienti riceveranno e percepiranno questo rifiuto da parenti e amici, ma tra le due malattie, una mentale e l'altra fisica, qual è la più stigmatizzata tra le due?

È esattamente ciò che cerca di scoprire uno studio realizzato dall'Ospedale Federale di Neuropsichiatria (Nigeria) e pubblicato recentemente nell'African Journal of Psychiatry: allo studio parteciparono 182 pazienti, la metà con diagnosi certa di HIV e l'altra metà con schizofrenia. Al momento della raccolta dei dati demografici dei pazienti fu somministrata una scala che valuta la stigmatizzazione di una malattia (Internalized Stigma of Mental Illness Scale – I.S.M.I).

I risultati mostrano elevati livelli di stigmatizzazione recepita, che comprende quasi la metà dei casi tra coloro che soffrono di schizofrenia, mentre tra i pazienti con H.I.V. vi è la presenza di un caso ogni 3.

Le correlazioni di tali risultati con i dati demografici mostrano differenze importanti tra le due patologie: se nel caso della stigmatizzazione recepita tra pazienti con schizofrenia è legato al basso livello educativo e alla mancanza di un impiego, nel caso dei pazienti con H.I.V. né il livello educativo né l'avere o meno un impiego incide nella sua stigmatizzazione. Invece incide significativamente l'essere scapolo, anche se sembra logico dato che tale malattia sia collegata agli incontri sessuali avuti in precedenza.

Una volta mi chiesero esattamente cos'era una

determinata psicopatologia, in questo caso era relativo all'autismo, attualmente denominato Disturbo dello Spettro Autistico ed io mi basai esclusivamente su ciò che in quel periodo era scritto nei manuali di diagnosi clinica.

Sono due i manuali maggiormente utilizzati: uno utilizzato principalmente negli USA chiamato Manuale diagnostico e statistico dei disturbi mentali, in inglese (Diagnostic and Statistical Manual of Mental Disorders, D.S.M.) attualmente alla sua quinta versione, che solitamente si trova con la sua denominazione come D.S.M.-V

In Europa, invece, il manuale maggiormente utilizzato è la Classificazione Statistica Internazionale delle Malattie e Problemi collegati alla Salute (decima versione), conosciuto anche come C.I.E.-10, o con le sue sigle inglesi I.C.D.-10 (International Statistical Classification of Diseases and Related Health Problems).

In entrambi i manuali si stabilisce una classificazione di disturbi mentali e, per ognuno di essi, i sottotipi corrispondenti in funzione all'età in cui ha avuto inizio o le cause che l'hanno scatenato.

Per ogni disturbo mentale tanto il D.S.M.-V quanto il C.I.E.-10 contengono una descrizione della sua sintomatologia, l'origine, la popolazione affetta, la co-morbilità con altri disturbi e l'evoluzione della stessa; in modo tale che quando un paziente arriva per un consulto, dopo l'intervista clinica, è possibile consultare il D.S.M.-V o il C.I.E.-10 per verificare a quale psicopatologia corrispondono i sintomi descritti dal paziente.

Il D.S.M.-V non mantiene la medesima classificazione del C.I.E.-10, e all'interno di uno stesso disturbo è possibile descrivere requisiti differenti per la sua diagnosi, a seconda del manuale utilizzato.

Allo stesso modo occorre tenere in considerazione che tali manuali vengono revisionati periodicamente, aggiungendo nuovi disturbi, eliminandone altri o modificando i criteri di valutazione degli stessi.

Ad esempio, nel caso dell'Autismo, il C.I.E.-10 lo ingloba all'interno della categoria dei Disturbi generalizzati dello sviluppo (F.84), nell'epigrafe intitolato: Autismo nell'infanzia (F.84.0).

"È un tipo di disturbo generalizzato dello sviluppo che si definisce per:

a) la presenza di uno sviluppo anomalo o deteriorato che si manifesta prima dei tre anni di età;

b) il tipo caratteristico di funzionamento anormale nelle tre aree della psicopatologia: interazione sociale reciproca.

Oltre a tali caratteristiche diagnostiche specifiche, è frequente una varietà di altri problemi non specifici tali come fobie, disturbi del sonno e dell'ingestione di alimenti, collera e aggressioni o auto-aggressioni."

All'interno di questa categoria possiamo trovare la Sindrome di Asperger (F84.5) definita come:

"Disturbo di dubbia validità nosologica, caratterizzata dallo stesso tipo di deterioramento qualitativo dell'interazione sociale reciproca che caratterizza l'autismo, congiuntamente a un repertorio stereotipato e ripetitivo di interessi e attività. Differisce dall'autismo fondamentalmente per il fatto che non vi è un ritardo generale, o ritardo nello sviluppo del linguaggio o dello sviluppo intellettuale. Questo disturbo si associa spesso a goffaggine marcata. Vi è una forte tendenza al fatto che le anormalità persistano durante l'adolescenza e l'età adulta. Occasionalmente accadono episodi psicotici nell'età adulta precoce."

Dal canto suo, nel DSM-V sparisce la classificazione separata della versione anteriore (DSM-IV) di autismo e di sindrome di Asperger ed entrambi vengono inseriti in una "macro" etichetta denominata Disturbo dello Spettro Autistico, in cui non si realizza alcuna distinzione tra di loro, per il quale le analisi diagnostiche, il trattamento saranno indipendenti da ciò che veniva denominato Sindrome di Asperger.

Allo stesso modo in questa "macro" etichetta vengono inseriti il Disturbo di Rett, il Disturbo Disintegrante Infantile e il Disturbo Generalizzato dello Sviluppo non specificato.

Si definisca la sintomatologia che dovrebbe presentarsi nel Disturbo dello Spettro Autistico:

a. "carenze nella comunicazione sociale" (si combinano i problemi sociali e di comunicazione);

b. "comportamenti limitati e ripetitivi ".

I sintomi devono essere presenti fin dalla prima infanzia, anche se potrebbero manifestarsi ampiamente finché la limitazione delle capacità impedisce la risposta alle esigenze sociali.

Come si può vedere, entrambi i manuali non stabiliscono le stesse categorie di diagnosi, né i requisiti né le stesse condizioni. È per questo che nell'esercizio della professione si deve "selezionare" ciò che si utilizza e adattarsi allo stesso, affinché si possa offrire un'assistenza di qualità al paziente.

Negli ultimi anni e grazie ai progressi delle tecniche di neuroscienza, si è giunti a porre le basi per una terza modalità di diagnosi in cui si tiene conto dei segni, senza porre l' "etichetta" di "depressione", "ansia", ...

Tale approssimazione tenta di ritornare alle radici

mediche in cui il paziente viene considerato dal punto di vista biologico. Da ciò deriva che si sia fatto un enorme sforzo negli ultimi anni per individuare e determinare i biomarcatori.

Sapendo che una delle maggiori preoccupazioni dei ricercatori è la scoperta precoce dell'Alzheimer, per questo motivo gli sviluppi in tale ambito sono sempre ben accetti.

Uno dei "problemi" più importanti nel momento in cui ci si ritrova a parlare di Alzheimer è il fatto che solitamente si scopre tardi, quando i segni e i sintomi son talmente evidenti che il deterioramento celebrale che lo produce è molto avanzato; da ciò l'importanza dello sviluppo di tecniche di rilevamento precoce, il che permette di iniziare quanto prima l'intervento terapeutico, il quale comunque non riesce a capovolgere gli effetti della malattia, ma riesce a rallentarla oltre che arrestarla per un certo periodo.

Le nuove ricerche permettono di continuare a sperare in questo campo, visti i risultati ottenuti, in tale articolo si commenteranno due tra gli sviluppi più recenti:

- Il primo arriva dall'Università Statale dell'Ohio, i quali hanno sviluppato una prova di accesso libero e gratuita denominata Prova Gerontocognitiva Autosomministrata, S.A.G.E. dalla sigla in inglese Self-Administered Gerocognitive Examination, secondo la quale qualunque persona può realizzare una serie di prove con le quali può determinare se esistono prove dell'inizio del deterioramento cognitivo. Anche se il test in questione è disponibile unicamente in lingua inglese, suppone un grande passo in avanti, sia per l'accesso libero alle prove che per il fatto che somministra un indice in cui sono segnalati i sintomi per la scoperta precoce della malattia, ti avverte se vi è qualcosa che non va e con questi dati ci si può recare dallo specialista per concretizzare se si tratta realmente di un problema per poter così iniziare un trattamento specifico. Il test composto da 22 domande è stato valutato(?) da 1000 volontari approssimativamente sui 50 anni e diede come risultato il rilevamento di 4 casi su 5 con deterioramenti cognitivi lievi. La prova che si autosomministra in circa 15 minuti è senza dubbio un grande sviluppo, giacché qualsiasi persona, in qualunque momento può mettere alla prova le sue abilità cognitive e verificare la propria salute.

- Il secondo, realizzato dall'Università del Nord Texas, recentemente pubblicato nella rivista specializzata Dementia and Geriatric Cognitive Disorders.

Si tratta dello sviluppo di un bio-marcatore, cioè una prova analitica con la quale conoscere la presenza della malattia dell'Alzheimer, a differenza di altri studi precedenti di bio-marcatore, questo non tenta di connettersi direttamente con l' Alzheimer ma lo fa con le prove standard utilizzate per il rilevamento di tale malattia, cioè, altri studi di bio-marcatori, cercano e analizzano segni di marcatori come sostanze nel sangue, nel volume celebrale... che possano dare indizi sulla malattia; d'altra parte tale studio parte dal fatto che gli strumenti di rilevamento neuropsicologici siano sufficientemente validati, per la quale ha cercato la correlazione tra questi e i bio-marcatori attraverso complessi algoritmi.

A questo studio parteciparono 197 pazienti con Alzheimer e ad altrettanti che non presentavano la malattia. I risultati hanno permesso di ottenere bio-marcatori che connettono con le prove neuropsicologiche, in modo da poter essere sostituite da una semplice puntura, esattamente come i diabetici, e con questa goccia di sangue determinare se si è affetti o meno di Alzheimer.

Lo studio cerca di dare una svolta, senza entrare nel merito della valutazione dei segni della malattia, semplicemente concordando sul fatto che con questo sistema di analisi del sangue si ottengono gli stessi risultati che si possono ottenere utilizzando le batterie standardizzate delle analisi neuropsicologiche.

Vi sono, secondo la mia opinione, due grandi contributi, che permettono di non perdere la speranza per una diagnosi precoce, utilizzando tecniche non invasive e che diano informazioni più rapide ed affidabili rispetto ai bio-marcatori e alle analisi genetiche.

Allo stesso modo, riferendosi all'ambito puramente genetico, si è cercato di spiegare la condotta umana, sapendo che la relazione tra la genetica e tutto ciò che riguarda l'ambito psicologico, è stato un ambito di discussione quasi fin dalle origini della psicologia.

Se si concepisse che tutto ciò che è psicologico è stato programmato precedentemente dalla genetica, il campo della psicologia non avrebbe ragione d'esistere, eccetto come specializzazione di un ramo della genetica. Al contrario, se non esistesse alcuna relazione tra la genetica e l'ambito psicologico, non avrebbe senso la genetica umana, tale e quale a come si concepisce oggi.

I dati attuali difendono una approssimazione intermedia, in cui esiste una base genetica e un "libero arbitrio" di tutto ciò che riguarda l'ambito psicologico che si costruisce sopra tale base, anche se è certo che alcune patologie ci "ricordano" l'importanza di uno sviluppo genetico adeguato affinché la persona possa sviluppare tutte le proprie capacità.

Un terzo fattore che influisce nel campo della psicologia è quello ambientale, cioè le circostanze che circondano la persona, sia nell'ambito affettivo, sociale che in quello economico. Un trinomio genetica, ambiente e persona che conforma ciò che siamo, pensiamo e facciamo, tutto ciò oltretutto basato sulle nostre esperienze, abilità ed errori, ma influisce la genetica nella psicologia dell'individuo? Questo è ciò a cui si è cercato di rispondere con una recente ricerca capeggiata dalla Social Science Genetic Association Consortium e realizzata da un gruppo internazionale di 190 scienziati, i cui risultati sono stati presentati dal Center for Economic and Social Research in the USC Dornsife College of Letters, Arts and Sciences pubblicati nel Nature Genetics.

Allo studio, considerato come il più grande realizzato fino ad allora, parteciparono 982.420 persone, in cui si analizzarono le loro sequenze genetiche per individuare la presenza o meno di correlazione con tre caratteristiche psicologiche:

- la soddisfazione con la propria vita che ha a che vedere anche con la felicità, per la quale si studiarono 300.000 persone;

- la sintomatologia depressiva, per la quale si analizzarono 550.000 persone;

- il nevroticismo, estratto dal modello di personalità di Hans Eysenck (che si vedrà più avanti), per il quale si analizzarono 170.000 persone.

Rispetto ai sintomi depressivi si trovarono due varianti genetiche che lo spiegavano.

Infine, prendendo in considerazione la presenza del nevroticismo, si trovarono undici variabili genetiche che presentavano un'influenza diretta con lo stesso. Nonostante tali scoperte, come affermano gli autori della ricerca, è presto per poter trarre conclusioni rispetto all'assunto, giacché occorre analizzare il "peso" di ognuna di tali varianti genetiche e del modo in cui si esprimono nella vita della persona.

Allo stesso modo occorre mettere in rilievo, come limitazione dello studio, il fatto che non abbiano trovato correlazioni in altre caratteristiche psicologiche, sia per non averlo incluso nel proprio modello o perché non erano significative con nessuna delle varianti genetiche analizzate. Nonostante quanto detto finora, la scoperta fatta risulta essere un passo in avanti per la corretta conoscenza e comprensione della natura umana, senza delegittimare per tale motivo gli sviluppi che si realizzarono in tale ambito grazie alla psicologia.

Capitolo 2. Differenziazione tra manifestazioni e sintomi in Psicologia Clinica.

La prima cosa che occorre segnalare è che attualmente esistono tre modi di approcciarsi alla malattia, che non si escludono tra di loro giacché gli uni si nutrono degli sviluppi degli altri, così si può parlare del campo della medicina, della psicologia e dell'approssimazione psicosomatica.

La differenza principale tra questi tre rami del sapere, che si incaricano della salute della persona, è precisamente il luogo in cui si pone il focus dell'attenzione, tanto nel determinare l'origine come nell'intervento di realizzazione.

1) Dal punto di vista medico, fino al XVI° secolo, si è mantenuta la tradizione somatica delle malattie e del loro trattamento, presente nei postulati del medico greco Galeno, il quale scartava qualsiasi sofferenza che non fosse osservabile, ossia considerava unicamente come malattie quelle che avevano un sostentamento organico reale ed oggettivo.

Nonostante gli sviluppi anatomopatologici, fisiopatologici ed eziopatogenetici, ogni volta era palese l'intervento del fattore psichico nel corso delle malattie, ma bisogna aspettare la fine del XIX° secolo affinché medici famosi si interessino di fenomeni come la nevrosi o l'isteria, dando così vita a termini come quello di "malattia da rappresentazione" o di "lesione dinamica". Partendo da tali apporti e superando le reticenze delle posizioni che ancora difendevano il riduzionismo biologico, si sono progressivamente incorporati nella pratica clinica aspetti relativi al vissuto soggettivo del paziente, tanto nella diagnosi come nel trattamento.

Nonostante gli sviluppi, nel momento in cui si deve determinare l'interdipendenza tra la psiche e il soma, attualmente, esiste comunque una chiara sottovalutazione degli aspetti psicologici nell'ambito ospedaliero, tale e quale come lo riflette la distinzione tra i termini clinici segni e sintomi:

- I segni, fanno riferimento a un dato oggettivo che raccoglie direttamente il medico, sullo stato di salute della persona, come per esempio un numero ridotto di leucociti nel sangue come risultato di una analitica; alterazione nelle onde P secondo l'elettrocardiogramma; o la presenza di placche "senili" e neurofibrille evidenziate da una T.A.C. (Tomografia Assiale Computerizzata).

- I sintomi sono l'espressione soggettiva di un paziente riguardo a un malfunzionamento del proprio organismo. Equivarrebbe alle lamentele o ai dolori manifestati/riferiti dal paziente riguardo alla sua malattia; così come l'intensità percepita per fastidi o dolori.

Nel momento in cui si compila l'anamnesi clinica per determinare se l'individuo soffre di una determinata malattia, il valore dei segni è determinante dinanzi a quello dei sintomi, i quali si tengono in conto come indizi da esplorare ma senza alcun valore diagnostico.

2) Nell'ambito della Psicologia, in particolare della Psicologia Clinica, la persona si concettualizza come un ente duale, formato da un corpo fisico e una mente immateriale; concezione difesa dal razionalismo di Cartesio il quale stabilì la medesima differenza tra ciò che denominava come Res Extensa (il mondo fisico) e la Res Cogitans (il mondo cognitivo o mentale); posizione che, con più o meno detrattori, è durata fino ai nostri giorni.

La psicologia nonostante sia una scienza relativamente giovane, sviluppatasi da non più di 100 anni, ha trovato il suo ambito di studio nel campo della soggettività della persona. I pensieri, emozioni ed esperienze personali sono i campi di lavoro della psicologia. Nello specifico, la Psicologia Clinica si fa carico dei disordini dei pensieri, emozioni e comportamenti dei pazienti. I sintomi in tale ambito giocano un ruolo fondamentale sia nella diagnosi che nel trattamento delle malattie mentali. Come vediamo, man mano che approfondiamo il tema, possiamo renderci conto del fatto che tale differenziazione si è diffusa.

Ma l'unità del soma e della psiche può far sì che ci si ammali, danneggiando entrambi gli aspetti della persona: in questo caso parleremo di malattia psicosomatica. Con tale termine non ci riferiamo a una malattia strettamente biologica, estranea al mondo psichico della persona, esattamente come succederebbe nei casi di infezioni virali o lesioni provocate da un trauma; ancor meno è il caso di un disturbo mentale, in cui non vi è affezione fisica, come dinanzi a un disturbo ossessivo compulsivo o a un disturbo di personalità; questi esempi mostrano ambiti di applicazione propri e specifici rispettivamente della medicina e della Psicologia Clinica.

3) L'approssimazione psicosomatica è nata parallelamente agli altri due sviluppi, come se fosse una terza opzione, considerata da alcuni come una specializzazione della medicina, denominata medicina psicosomatica, in cui si cambia la concezione secondo cui le malattie appartengono al corpo (nel caso della medicina) o alla mente (nel caso della psicologia). Questa nuova concezione non solo rispetta le due precedenti, ma si nutre dei suoi sviluppi senza perdere la sua filosofia: considerare che nelle malattie esiste tanto una componente fisica quanto una psicologica.

Il contributo dell'aspetto psicosomatico è una rivoluzione concettuale, in cui non si cerca di osservare gli effetti psicologici di una malattia fisica, né le conseguenze fisiche di un disturbo psicologico, ma si va oltre. Si basa su un'ipotesi di unità funzionale in cui la mente (psico) e il corpo (soma) vengono trattati come un continuum, senza alcuna differenza tra di loro; in modo che, se una parte si ammala, lo fa anche l'altra parte e per poter realizzare un intervento terapeutico si deve portare a termine in entrambi gli ambiti.

Parlando di malattie psicosomatiche ci riferiamo a una rottura della salute, tanto fisica quanto psichica della persona, la quale necessita di una diagnosi e di un trattamento che prendano in considerazione entrambi gli aspetti; giacché, se non si procede in questo modo, il recupero potrebbe essere compromesso. Tra queste possiamo annoverare le malattie coronarie, l'artrite reumatoide o le cefalee tensiva. Tale differenziazione di ambiti di applicazione, fra il biologico e il mentale, ha prodotto un'evoluzione separata in quanto a tecniche e metodi di valutazione e intervento.

- La Medicina, centrata nella diagnosi, prevenzione e trattamento delle malattie principalmente di origine biologica, ha perfezionato diverse tecniche di diagnosi grazie agli sviluppi tecnologici (la Risonanza Magnetica

(R.M.) o la Tomografia a Emissione di Positroni (T.E.P)) così come nell'intervento che va dalle pozioni o unguenti, utilizzati originariamente per cercare di dar tempo al corpo di ristabilirsi da qualche infezione, fino ad arrivare alla più attuale (la chirurgia laser o i trattamenti non invasivi mediante radiofrequenza).

- La Psicologia Clinica, dal canto suo, ha sviluppato una gran varietà di tecniche di valutazione, che vanno dalle prime interviste semistrutturate ai test proiettivi (forse il più conosciuto è il test di Rorschach) fino ad arrivare alle attuali prove psicometriche, validate e standardizzate per popolazioni. Allo stesso modo e una volta stabilita la diagnosi opportuna, lo psicologo ha a sua disposizione una gamma di tecniche terapeutiche di intervento divise a seconda del disturbo mentale da trattare, dal momento che queste possono essere applicate sia in modo individuale che in gruppo, con un taglio più cognitivo, comportamentale o relazionale.

- Il contributo psicosomatico dal suo canto non ha sviluppato tecniche o una metodologia propria di lavoro, ma si nutre delle tecniche e metodi delle due anteriori, sviluppando così un corpo teorico indipendente sul quale basare la selezione di quale tecnica o metodo utilizzare in ciascun caso, in funzione della patologia del paziente e delle caratteristiche di personalità e storia vissuta.

Ma ritornando al tema della differenziazione tra manifestazioni e sintomi, si potrebbe pensare che è un qualcosa di semplice, anche se nella clinica non è proprio così. Pensiamo ad esempio al caso della Pseudocyesis, il quale è un disturbo somatomorfo specifico in cui la donna crede erroneamente di essere incinta e in cui esistono manifestazioni oggettive che appoggiano quest'idea errata di gravidanza come ad esempio l'ingrandimento della cavità addominale (senza protusione ombelicale), flusso mestruale ridotto, amenorrea, sensazioni soggettive di movimenti fetali, nausee, secrezioni e congestioni mammarie e dolori «appropriati» il giorno del parto. Il caso contrario sarebbe quello della sterilità psicosomatica. La sterilità femminile è definita come l'incapacità di concepire da parte della donna. Tra le cause che lo originano vi sono quelle genetiche e quelle biologiche, ma esiste un numero crescente di casi che non possono essere spiegati in questo modo. In questo capitolo andremo ad analizzare gli aspetti psicosomatici e le teorie esplicative che si celano dietro a tale patologia.

Per Freud, è precisamente in questa età che si fissa l'origine dei "traumi" che mostreranno i pazienti adulti, partendo dall'idea che i fatti successi durante l'infanzia restano nella nostra memoria per il resto della vita e, se questi per qualsiasi circostanza implica violenza, tale emotività sarà contenuta e potrà manifestarsi durante la vita adulta in forma di sintomi.

Secondo Helene Deutsch, la quale studiò una moltitudine di casi clinici, tanto la compulsione al concepimento come la sterilità psicogena avevano la stessa base. Il primo concetto, compulsione al concepimento, fa riferimento alla facilità della donna di concepire in situazioni psicologiche e socioeconomiche sfavorevoli. In entrambi i casi ci si rende conto che riguardo ad entrambe le alterazioni della funzione riproduttiva, si cela una conflittualità soggiacente con la madre "disturbata", che offre un "esempio dannoso", il quale può essere desiderato o rifiutato (amore-odio), accompagnandosi con immaturità e necessità di appoggio emozionale, essendo la fonte di importanti disturbi della sessualità nella vita adulta della figlia.

Allo stesso modo si da grande importanza ai primi anni di vita per la formazione di patologie future, poichè il corpo apprende a manifestarsi in una determinata forma che si stabilisce nelle prime tappe della vita, e che con posteriorità, quando si è adulti, il corpo utilizza questo stesso mezzo: appaiono così le malattie psicosomatiche.

Aggressioni fisiche o psicologiche, maltrattamenti o stupri sono situazioni che lasciano un segno nell'individuo, nel suo sviluppo tanto dal punto di vista della sua personalità quanto nel suo mondo emotivo e nel momento in cui decide di stabilire relazioni interpersonali. Questo non significa che quella persona che ha sofferto una di queste situazioni resti "segnata" per il resto della sua vita e non possa avere una vita "normale". Anche se esiste una predisposizione, questa non è determinante poiché la persona ha la capacità di recuperare sé stessa con il passare del tempo, anche se a volte ci sono delle ferite che non guariscono, che permangono nell'"oblio". Uno di questi fatti è il tentativo di violenza sessuale o il suo consumo in età precoce, qualcosa per cui il minore tuttavia non è ancora pronto né fisicamente né psicologicamente e che porterà conseguenze importanti nel futuro, come ad esempio la sterilità.

L'analisi dal punto di vista psicosomatico di alcuni casi donne che fisicamente erano sane ma che non riuscivano a restare incinte, ha mostrato che si tratterebbe di una patologia psicosomatica in cui il mondo emotivo "interferisce" nel normale equilibrio dell'organismo. Attualmente si riconosce che i fatti traumatici durante i primi anni di vita possono ostacolare un corretto sviluppo, per il quale si richiede un intervento specializzato per poter superare tali situazioni e affinché le conseguenze future siano minori.

Tra le cause dell'infertilità, una volta che sono stati scartati i problemi medici e fisiologici, si trovano quelli di indole psicosomatica tra cui:

- L'anoressia nervosa, in cui la malnutrizione dell'organismo porta all'immaturità sessuale, oltre che ad alterazioni ormonali con la perdita della mestruazione (amenorrea).

- Le disfunzioni sessuali come la disfunzione erettile o il vaginismo, ciò che impedisce il consumo della relazione sessuale.

Inoltre si stima che esistono una serie di caratteristiche personali che possono influire negativamente nella fertilità, come ad esempio la bassa autostima, una mancanza di identità sessuale definita o un riscatto sociale o sessuale.

Per ultimo, ma non per questo meno importante, lo stress gioca un ruolo importante nell'infertilità, anche se non è chiaro se è la causa che lo origina o la conseguenza della frustrazione prodotta dai ripetuti tentativi falliti della coppia. Uno studio dell'Università dell'Australia Occidentale (Australia), i cui risultati sono stati pubblicati nella rivista scientifica Human Reproduction, mostra i meccanismi fisiologici per i quali l'ansia può provocare infertilità poiché lo stress colpisce l'ipotalamo che a sua volta influenza le ghiandole endocrine incaricate della regolazione dell'ovulazione, provocando alterazioni oltre che amenorrea e influenzando anche il trasporto degli ovuli dalle tube di Falloppio alterando così il flusso del sangue uterino.

Come si può vedere, la differenziazione tra ciò che corrisponde all'ambito della medicina, della psicologia o del psicosomatico è diffuso e, a volte, si sovrappone, in modo che ogni volta negli ospedali e nei centri di salute si arriva alla diagnosi e al trattamento prescelto grazie a un equipe multidisciplinare in cui sono inclusi vari professionisti della salute. Nonostante ciò che è stato detto finora, esistono alcune circostanze in cui risulta "problematico" stabilire una corretta diagnosi dei pazienti, poiché i sintomi e le manifestazioni non si avvicinano a ciò che viene descritto nei manuali diagnostici di salute mentale (D.S.M.-V e C.I.E.-10), soprattutto quando siamo davanti a simulatori, ipocondriaci o persone che presentano la sindrome di Münchausen. Di seguito andremo a vedere ognuno di questi casi:

1) I simulatori.

Una delle situazioni alle quali deve fronteggiare il sistema sanitario è quando ci si trova dinanzi ai "simulatori": persone che fanno sprecare tempo e risorse senza avere effettivamente alcun problema fisico. Motivo per cui si presentano frequentemente in ospedale o in ambulatorio per un consulto, "inventando" o "simulando" sintomi che si trovano solo nella testa del paziente. In alcune occasioni, soprattutto per essere più credibili, tali persone possono arrivare a provocarsi graffi, bruciature o altre lesioni per poter dimostrare al personale medico la loro malattia. Vari motivi potrebbero celarsi dietro a questi simulatori, come ad esempio evitare responsabilità o per ottenere un beneficio.

2) L'ipocondriaco.

È caratterizzato da una preoccupazione costante per la possibilità di aver contratto una o più malattie, normalmente disturbi fisici gravi e progressivi. I pazienti che soffrono di questo disturbo manifestano lamentele somatiche persistenti o una preoccupazione frequente per il proprio aspetto fisico. Le sensazioni proprie di un organismo sano sono interpretate dal paziente come anormali e patologiche, fino a provocargli angoscia. Tale preoccupazione solitamente si focalizza in un solo organo o sistema dell'organismo.

Spesso l'ipocondria viene accompagnata da sintomatologia depressiva e ansia che possono gettare le fondamenta per una diagnosi aggiuntiva. Secondo il manuale di diagnosi dei disturbi mentali più utilizzato in

Europa, chiamato C.I.E.-10, tra i criteri di diagnosi dell'ipocondria vi sono:

A. Preoccupazione e paura di avere, o la convinzione di esserne affetto, una malattia grave a partire dell'interpretazione personale dei sintomi somatici.

B. La preoccupazione persistente nonostante gli esami e le spiegazioni mediche appropriate.

C. La credenza esposta nel criterio A non è di tipo delirante (a differenza del disturbo delirante di tipo somatico) e non si limita a preoccupazioni sull'aspetto fisico (a differenza del disturbo dismorfico corporale).

D. La preoccupazione provoca malessere clinicamente significativo o deterioramento sociale, lavorativo o relativo ad altri ambiti importanti per la vita dell'individuo.

E. La durata del disturbo è di almeno 6 mesi.

F. La preoccupazione non si spiega meglio per la presenza del disturbo d'ansia generalizzata, disturbo ossessivo-compulsivo, angoscia, episodio depressivo maggiore, ansia da separazione o altro disturbo somatomorfo.

3) La Sindrome di Münchausen.

Una persona si reca ripetutamente alle visite mediche con sintomi diffusi per ricevere come beneficio secondario il farsi assistere. Il problema è che queste persone non hanno nulla di fisico e a volte il trattamento che si utilizza per curarle le fa ammalare, dato che la medicina "non combatte nulla".

Le ripetute visite negli ambulatori e nei centri di salute possono far sospettare della presenza della Sindrome di Münchausen: il paziente quando viene "scoperto" e messo dinanzi alle "proprie bugie" "scappa" letteralmente da quel posto e si rifugia in un altro centro di salute in cui inizia lo stesso processo di visite. All'interno di tale sindrome esiste un sottotipo denominato Sindrome di Münchausen da procura, per cui il paziente utilizza un altra persona, normalmente un familiare (un figlio o figlia), per continuare a tenerlo "ammalato" in modo tale da ricevere le cure mediche necessarie; mentre il paziente con Sindrome di Münchausen (generalmente la madre) soddisfa così la sua "necessità di sentirsi ammalato", ma stavolta attraverso qualcun altro, ma qual è l'origine di questa malattia così peculiare?

Una recente relazione presentata congiuntamente dall'Università Cattolica del Sacro Cuore e l'Università Biomedica di Roma (Italia), pubblicata recentemente nel Journal of Psychological Abnormalities in Children indaga tale questione in una delle sue pazienti. In questo caso non si tratta di una ricerca, ma di una relazione di un caso unico in cui si descrive il processo che ha portato una bambina di otto anni a soffrire della Sindrome di Münchausen: la piccola di otto anni arrivò al reparto pediatrico lamentandosi di una debolezza simmetrica progressiva con deterioramento nel camminare, ma non vi erano antecedenti nella storia clinica della piccola che potessero spiegare ciò che le stava accadendo. Dopo numerose prove motorie e radiologiche non si trovò nulla che potesse spiegare i sintomi di cui si lamentava la piccola. Alcune sessioni di psicoterapia mostrarono migliorie "sorprendenti" nella piccola che arrivò a guarire completamente, ma la madre della piccola rifiutò completamente questa sua guarigione e si "portò via" la piccola. Nei due anni seguenti, si seguirono gli ingressi ospedalieri della minore e si osservò che si recava presso altri centri con lo stesso problema e, dopo un periodo in cui non "si trovava soluzione", se ne andava e iniziava con un nuovo disturbo: in questo caso una cecità, oltre ad essersi recata all'ospedale per dolori addominali ricorrenti e cefalee.

Lo studio si conclude con la necessità di un'informazione "fluida" tra centri medici in modo da poter scoprire tali pazienti, dato che alcune volte si sottopongono a esami medici e trattamenti non necessari che possono anche mettere in pericolo la loro salute. Gli autori informano che potrebbe essersi trattato di un "trasferimento" da una Sindrome di Münchausen a una Sindrome di Münchausen da procura da parte della madre, ma la "fuga" di questa prima di poter sottoporre il paziente ad analisi psicologiche impedisce di poter trarre delle conclusioni.

Lo studio, nonostante sia un caso unico, informa di una realtà da tenere in considerazione, probabilmente uno dei casi più difficili da diagnosticare e da trattare dato che il paziente affetto dalla Sindrome di Münchausen o dalla Sindrome di Münchausen da procura, come in questo caso, non solo non collabora ma "fugge" letteralmente dalla visita.

Anche se per fortuna per i professionisti della salute i casi narrati finora sono scarsi, ci concentreremo su alcuni esempi in cui si distinguono i segni dai sintomi.

Ritornando al caso del Disturbo dello Spettro Autistico, occorre dire che, anche se i primi segni dell'autismo possono apparire molto precocemente, la sua diagnosi ritarda in quanto dipende dall'osservazione. Questo è senza dubbio uno svantaggio, sia per il paziente autistico che per i suoi genitori poiché quanto prima si diagnostica, prima si può iniziare l'intervento terapeutico per compensare gli sfasamenti che questo disturbo crea nello sviluppo del minore, soprattutto per ciò che concerne l'area della comunicazione. Sapendo che più tempo passa fino a giungere alla diagnosi e al trattamento, maggiori saranno le difficoltà che mostrerà e di conseguenza sarà difficile anche il lavoro terapeutico posteriore. Al contrario, studi recenti informano degli enormi benefici nello sviluppo dei piccoli quando la diagnosi e il trattamento sono iniziati nei primi due anni di vita: l'osservazione deve essere condotta da esperti preparati, per questo motivo risulta difficile stabilire la diagnosi certa dato che gli esperti non possono stare con il piccolo frequentemente. Alcuni autori, come Zwaigenbaum, segnalano che l'autismo può essere scoperto fin dal primo anno di vita. A ciò si unisce il fatto che negli ultimi anni si è fatto uno sforzo tecnologico per sviluppare programmi che passano al setaccio determinati modelli, caratteristici in questo caso dell'autismo, per semplificare il lavoro dell'esperto nel momento in cui occorre identificare comportamenti e allo stesso tempo migliorare la diagnosi, quindi, si possono congiungere entrambe le vie, quella della diagnosi precoce con quella dell'identificazione mediante software specifico di immagini riprese dei piccoli (video casalinghi)?

Questo è precisamente ciò che tentano di scoprire l'Università di Duke, l'Università del Minnesota (USA) e l'Università di Campinas (Brasile) con uno studio pubblicato recentemente in Autism Research and

Treatment. Per questo scopo hanno sviluppato un programma che cercai tratti più caratteristici dell'autismo in età precoce, selezionando i momenti in cui appaiono questi nelle immagini affinché l'esperto possa fare una diagnosi più certa ma soprattutto in tempi brevi. Pertanto, il programma in sé non stabilisce la diagnosi, ma estrae le sequenze "significative" che devono essere revisionate dall'esperto su cui poi basare la sua diagnosi. Per provare l'efficacia del programma hanno utilizzato una scala standard di osservazione dell'autismo nei bimbi (A.O.S.I.) insieme al programma che analizza diverse caratteristiche facciali dei piccoli: in concreto analizza la capacità di soddisfare due stimoli, prima uno e poi l'altro, e il rastrellamento del movimento degli oggetti con un movimento laterale. Allo studio parteciparono 12 piccoli tra i 5 e i 18 mesi; questi piccoli avevano fratelli/sorelle con diagnosi del disturbo dello spettro autistico, pertanto si trovavano all'interno della popolazione ad alto rischio di soffrire di autismo. Si realizzò una valutazione clinica da parte di due psichiatri, scelti nel gruppo di esperti; mentre per il gruppo degli inesperti parteciparono due studenti. Vennero comparati i risultati degli esperti clinici, con quelli degli inesperti, ed entrambi furono rivisti da un esperto oltre ai frammenti selezionati dal software. Oltre all'efficacia dimostrata tanto dal gruppo di esperti come da quello degli inesperti, i ricercatori difendono il basso costo del prodotto finale grazie al quale sarà più semplice a breve termine poter estendere a tutti i centri specializzati che lo richiedono, quanto sotto la supervisione di un esperto, renda più semplice la diagnosi di autismo in modo più precoce e affidabile, con cui poter iniziare il trattamento opportuno. Questo è il primo esperimento e deve essere validato da nuovi studi prima di poter concludere sull'utilità clinica dell'utilizzo di tale software che permetterà una diagnosi precoce dell'autismo.

Come vediamo, in questo studio si esalta l'importanza dell'addestramento degli "esperti" affinché possano scoprire i segni e i sintomi caratteristici per poter stabilire la diagnosi adeguata, usando per questo scopo tutte le "risorse" che si hanno a disposizione, come in questo caso i video fatti in casa dei minori.

Capitolo 3. Eziopatogenesi e trattamento dei disturbi in Psicologia Clinica.

Il termine eziopatogenesi fa riferimento all'origine dello sviluppo di una patologia. Nell'ambito della psicologia clinica si riferisce alle cause dei disturbi mentali. Attualmente si considerano tre principali cause dell'apparizione e dello sviluppo delle malattie mentali: la causa genetica, l'ambiente e la personalità del paziente.

Una questione fondamentale al momento di prescrivere i trattamenti e gli interventi specifici, così non avrebbe senso un intervento farmacologico o con terapia genetica, dinanzi a un disturbo prodotto o motivato da cause ambientali, e allo stesso modo un intervento puramente cognitivo potrebbe essere sconsigliato quando il disturbo ha un'importante base genetica. Di seguito, analizziamo ognuna di esse:

1) La causa Genetica

Anche se trattiamo aspetti individuali e psicosociali della malattia mentale, non bisogna dimenticare che questa si produce in un organismo vivo il cui sviluppo è determinato dalla genetica. Di fatto, la relazione tra il psicologico e il genetico è doppia, tale e quale a come la si vede di seguito:

a) Dall'aspetto genetico a quello psicologico: rispetto a ciò, una delle discussioni più accese tra gli scienziati è determinare qual è la percentuale di influenza degli aspetti genetici dinanzi agli ambientali nei disturbi mentali. Anche se esistono dei documenti al rispetto in cui si stabiliscono anche diverse percentuali in funzione del disturbo mentale che gli corrisponde, cioè vi sono disturbi mentali che hanno una percentuale maggiore di influenza genetica, ereditata dai propri genitori; mentre ve ne sono altri che non sembrano essere relazionati con i loro geni ma dalle condizioni di vita in cui si cresce, così come i modelli dai quali apprende. Per lo studio della base genetica delle malattie mentali si utilizza l'osservazione dei caratteri interfamiliari, ossia verificare se qualche familiare, ascendente o discendente abbia sofferto della medesima alterazione medica, oltre allo studio dei gemelli e mellizos, così come la comparazione tra figli biologici e adottati all'interno della stessa famiglia. Nel primo caso occorre indicare qual è la differenza esistente tra gemelli monozigoti e gemelli eterozigoti, anche se in entrambi i casi nascono con lo stesso parto: i gemelli monozigoti possiedono la stessa carica genetica dato che derivano da uno stesso ovulo, mentre gli eterozigoti possiedono una diversa carica genetica poiché derivano da due ovuli distinti. Grazie a tali studi si può verificare la maggiore o minore influenza della componente genetica in aspetti come la personalità, il carattere e il modo di essere. Nel caso dello studio dei figli "naturali" dinanzi a quelli adottati, si analizza l'incidenza delle malattie mentali così se due piccoli della stessa famiglia mostrano la medesima malattia quando uno dei due è adottato, si può scartare la causa genetica della stessa, essendo di base ambientale l'unica soluzione possibile, cioè vi è qualcosa che entrambi condividono, come la famiglia, la scuola, il quartiere... Ciò fa sì che i due soffrano dello stesso disturbo psicologico nonostante derivino da famiglie differenti.

Inoltre, utilizzando questo stesso paradigma, si è studiato se fratelli dati in adozione e che vivono in famiglie differenti mostrano gli stessi disturbi psicologici, cosicché si mostra come una base per la spiegazione genetica di tale disturbo.

Nonostante esistano pochi casi analizzati, il miglior studio proviene da una combinazione dei due anteriori, ossia analizzare la salute fisica e mentale, così come le caratteristiche della personalità mostrate dai gemelli monozigoti che sono stati separati fin dalla nascita e che hanno vissuto in ambienti totalmente diversi. Tutto ciò per studiare il peso che la genetica ha nei confronti della componente ambientale (apprendimento diretto e osservativo) in ognuna delle malattie mentali. Da questo lavoro si è dedotto che la componente genetica riguarda tra il 17 e il 28% dei disturbi mentali più importanti, come ad esempio schizofrenia, disturbo bipolare, depressione, disturbo del deficit di attenzione e autismo; la restante percentuale risulta essere il prodotto dell'intervento familiare e sociale nel corso dello sviluppo della persona; anche se comunque esiste una grande polemica rispetto al ruolo genetico degli stessi, giacché secondo lo studio le percentuali anteriori diventano più o meno elevate nel momento in cui vengono adottati.

Nel caso dell'Alzheimer, se si determinasse la percentuale della base genetica si potrebbero proporre nuovi farmaci orientati a tale interpretazione genomica ma se la principale causa di apparizione e sviluppo di questa malattia è dovuta alle condizioni ambientali, come ad esempio il luogo in cui si vive, ciò che si mangia, il livello di stress sopportato dalla persona in questione, l'intervento dovrebbe essere di tipo cognitivo o neuropsicologico, ma qual è il ruolo della genetica nella manifestazione dei problemi psicologici? Per rispondere a questa domanda, si è realizzato uno studio in cui sono stati coinvolti 53.949 soggetti, di cui 30.919 donne e 23.030 uomini, tutti con almeno 45 anni, escludendo tutti coloro che erano già in possesso di una diagnosi per demenza. Sono stati sottoposti a prove individuali di risoluzione di diversi test. Allo studio, pubblicato recentemente nella rivista scientifica Molecular Psychiatry hanno partecipato più di 100 istituti di ricerca e università appartenenti a tutto il mondo: dalla Svezia all'Australia.

Grazie a questo studio si crea un modello genetico con il quale verificare le previsioni sull'importanza dei geni implicati. I risultati mostrano che è il cromosoma 21 che spiega una maggior percentuale della variabilità implicata nella maturazione delle capacità cognitive e della loro perdita con l'avanzare dell'età. Poiché tra tutte le componenti psicologiche questi sono stati l'oggetto di studio, come passo precedente da comparare con nuovi risultati di pazienti con diagnosi di demenza, potendo così determinare l'influenza genetica nel caso dell'invecchiamento naturale rispetto alla demenza.

Tra i vantaggi dello studio, per come è mostrato dagli autori, vi è la grande quantità di partecipanti che hanno permesso che si potessero conseguire risultati significativi riguardo al modello genetico esplicativo, che con un minore di partecipanti non sarebbe stato possibile osservare. Allo stesso modo si spera che tale conoscenza genetica permetta di scoprire nuovi farmaci e metodi di intervento orientati a far mantenere più a lungo le abilità e capacità cognitive, indipendentemente dall'avanzare dell'età, permettendo in questo modo al paziente di avere una maggiore qualità di vita il più a lungo possibile.

Così come già detto, questo studio è un passo previo alla conoscenza delle basi genetiche dello sviluppo cognitivo dell'invecchiamento, cioè non è influenzato da nessuna psicopatologia ma si manifesta a causa di un decremento di capacità cognitive dovuto al naturale scorrere del tempo.

Tra le prossime tappe di questo gruppo multinazionale di ricerca vi è la volontà di scoprire l'influenza genetica della malattia dell'Alzheimer una volta che si capirà in che modo si produce il decremento delle capacità cognitive dovuto all'invecchiamento naturale delle persone.

b) Dal genetico al psicologico: una delle situazioni più difficili per l'individuo è quella di sapere che soffre di una malattia genetica, soprattutto quando non esiste possibilità di curarla. Occorre tener presente che quando una malattia si presenta già in tenera età suppone un'importante carica emotiva nel piccolo, giacché non deve soltanto superare le complicazioni mediche che si presenteranno, ma dovrà confrontarsi con l'incomprensione dei suoi compagni di scuola. Inoltre, tutti i giorni della sua vita si alzerà con questa malattia, quando si tratta di un'alterazione genetica incurabile. È come se avesse vinto la lotteria ma senza mai aver giocato, dato che essendo una malattia genetica l'individuo non ha fatto nulla per acquisirla.

Anche se esistono vari livelli di gravità, in funzione dell'estensione o degli organi coinvolti, a seconda di quanto è esterno o evidente, l'individuo che soffre di tale malattia avrà maggiori conseguenze psicologiche.

Allo stesso modo la vita emotiva dell'adulto può restare segnata per l'aver vissuto la malattia, soprattutto quando gli altri non capiscono la sua situazione, avendo come conseguenza l'isolamento sociale, mantenendo una piccola cerchia di amici o conoscenti ai quali non interessa del problema, ma in che modo implica psicologicamente il soffrire di una malattia genetica? Questo è ciò che si è tentato di studiare alle Università di Messina e all'Università di Trento (Italia), i cui risultati sono stati recentemente pubblicati sulla rivista scientifica International Journal of Psychological Research. Allo studio hanno partecipato 31 pazienti affetti da Talassemia di età compresa tra i 18 e i 50 anni, tra cui vi erano 19 donne. La Talassemia è una malattia genetica denominata anche Anemia di Cooley o Anemia Mediterranea in cui esiste un problema genetico del sangue, il quale è incapace di trasportare l'ossigeno al corpo e che può portare a problemi importanti soprattutto nei primi anni di vita, se non si scopre in maniera tempestiva. Oggigiorno, a seconda della gravità della malattia, può essere trattata attraverso trasfusioni di sangue.

Vennero sottoposti a prove standard sullo stato d'animo attraverso il Profile of Mood States (P.O.M.S.); inoltre venne valutato il livello di soddisfazione della loro vita attraverso il Quality of Life Enjoyment and Satisfaction Questionnaire (Q.-L.E.S.-Q.). I risultati comparati con le tabelle standard della popolazione adulta informano di evidenti attacchi d'ansia che devono essere controllati per poter avere una vita normale. L'ansia cronica può provocare un'altra problematica associata ad alti livelli di stress. Oltre al trattamento terapeutico della malattia, questi soggetti dovrebbero ricevere addestramento specifico per il controllo dello stress, come ad esempio tecniche di rilassamento, con cui compensare gli effetti psicologici dovuti a tale malattia genetica. Occorre tenere in considerazione che la malattia genetica studiata, la Talassemia, possiede una serie di caratteristiche che non si osservano in nessun'altra, oltre ad alcuni tratti fisici evidenti, soprattutto per ciò che riguarda la fisionomia della testa. È per questo motivo che per poter applicare i risultati ad altre popolazioni occorre realizzare una nuova ricerca.

Allo stesso modo, l'aver analizzato unicamente all'interno della popolazione italiana fa sì che non si possano applicare i risultati ad altre popolazioni, con una cultura differente, in cui questo problema può essere accettato socialmente in maniera migliore o peggiore e per questo motivo con conseguenze psicologiche differenti per chi ne soffre. Lo dimostra il fatto che, all'interno della popolazione siciliana esiste una grande coscienza del problema e che i futuri sposi fanno degli esami genetici prima di contrarre matrimonio. Una prevenzione mirata ad evitare di trasmettere la genetica causa della Talassemia.

Esattamente come si è mostrato la genetica gioca un ruolo fondamentale nella relazione con la salute mentale, sia come "origine" della stessa o come causa di un disturbo con conseguenze cognitive.

2) La causa ambientale, in cui si includono le condizioni fisiche, sociodemografiche, di sviluppo oltre che di accesso alla sanità in cui si districa l'individuo. Anche la qualità e la quantità delle relazioni sociali giocano un ruolo importante nella salute mentale delle persone, potendo essere origine o causa di determinati malesseri associati allo stato d'animo o allo stress.

Anche se la percentuale dell'influenza genetica nelle malattie mentali può sembrare alto, è soprattutto la famiglia che funziona da pilastro fondamentale nella formazione della persona come individuo. A tale conclusione si era giunti già da alcuni anni attraverso l'approssimazione psicosomatica, osservando come famiglie funzionali avevano figli sani mentre nei figli delle famiglie disfunzionali si producevano manifestazioni psicosomatiche che li avrebbero accompagnati per il resto della vita.

Il termine famiglia disfunzionale comprende qualunque aspetto della vita lavorativa, sociale, intima ed emotiva che possa danneggiare il normale sviluppo del minore come persona, come ad esempio maltrattamenti verso il compagno o il minore, ma anche situazioni di infedeltà che generino tensioni familiari, perdita per morte o abbandono della famiglia da parte di uno dei coniugi, separazioni o divorzi, situazioni di disoccupazione prolungata o di lavori gravosi che aumentino lo stress familiare... oltre all'intervento di terzi, che convivano o abbiano un gran peso nelle decisioni familiari, possono favorire situazioni che alla fine sfociano in una malattia psicosomatica, influenzate principalmente dallo stress percepito e dai propri vissuti emotivi.

Ma non si pensi che i più piccoli della casa pensino e provino le stesse emozioni degli adulti, che possano arrivare ad essere "comprensivi" con i propri genitori, giustificando le proprie "debolezze" e decisioni "sbagliate" esattamente come lo fanno gli adulti. I bambini sono molto più "semplici" e proprio per questo motivo più vulnerabili ai bruschi cambi emotivi o di stress che si vivono in famiglia. Questi cambi segnano il futuro del piccolo, giacché sono quelli che registrano con maggior forza, dovuto alla componente emotiva che accompagna di modo che da adulto potrebbe non essere cosciente di tutto ciò, anche se sicuramente starà soffrendo per i suoi "effetti".

Nel nucleo familiare si stabiliscono i primi limiti, norme e regole che reggeranno la vita del bambino, ma interiorizzerà anche gli esempi degli altri, assumendo ciò che "non è scritto" come proprio, grazie alla capacità di imitazione del minore; è per questo, che i genitori devono assumersi le proprie responsabilità non solo di alimentare, accudire ed insegnare, ma anche di educare con l'"esempio di vita".

3) La causa della personalità

La prima cosa che occorre chiarire è il concetto di persona, la cui etimologia (origine del significato delle parole) fa riferimento alle maschere che utilizzavano i greci nelle loro rappresentazioni teatrali: ossia la persona (maschera) è l'immagine con cui ci presentiamo dinanzi agli altri; per essere sintetici, il termina si utilizza per designare un individuo sostanzialmente diverso dal resto e che appartiene a una determinata specie. Questa persona possiede una serie di qualità, oltre alle sue caratteristiche fisiche, come ad esempio il peso, l'altezza, il colore dei capelli, pelle o occhi; inoltre presenta una forma di sentire e di relazionarsi con sé stesso e con gli altri, mostrando uno stile di comportamento e modi di fare propri. Questo insieme di modi di pensare, sentire e fare viene chiamato personalità, in cui si possono distinguere 3 sfaccettature:

- Biologica, che corrisponde tanto all'informazione genetica acquisita dalla combinazione tra quelle dei progenitori (genotipo) come alle caratteristiche morfologiche, funzionali e biochimiche che presenta la persona (fenotipo): il primo corrisponderebbe alla nostra carica genetica, mentre il secondo si riferisce a come si esprime tale genetica in una determinata maniera.

- Individuale, che comprende le necessità, desideri e bramosie, cioè è la motivazione della persona a farla comportare in una determinata maniera per raggiungere i propri scopi; cercherà anche di evitare ciò che gli risulta poco attrattivo e sgradevole.

- Sociale, attraverso le relazioni interpersonali apprendiamo non solo a convivere con gli altri ma anche a pensare in una determinata maniera. La cultura, la lingua, gli usi e i costumi, configurano fin dai primi mesi di vita i modi di pensare, sentire e comportarsi dell'individuo nell'arco della sua vita.

Con questo possiamo avere un'idea approssimativa di ciò che è la personalità, come la tendenza a pensare, sentire e comportarsi in una determinata maniera, che sarà condizionata da un insieme di norme che regolano la convivenza all'interno della società in cui si vive, così come dall'espressione di una genetica trasmessa dai nostri genitori, ma come si forma la personalità?

I principali meccanismi che utilizziamo per modellare la personalità nell'arco della vita sono due:

- L'esperienza diretta: permette all'individuo fin da piccolo di provare distinte azioni, apprendere ciò che è gradevole o meno. Il primo si converte in una fonte di desiderio, generando tendenze fino al suo raggiungimento; mentre ciò che è sgradevole si tende a evitarlo o a fuggire da esso.

- L'apprendimento vicario, conosciuto anche come apprendimento osservativo: l'individuo è capace di apprendere le conseguenze di determinate azioni, vedendo i risultati che queste generano in altre persone. Ad esempio, un bambino è capace di apprendere a non toccare le cose appuntite se vede in che modo si lamenta un'altra persona nel farlo.

Attraverso questi due meccanismi apprendiamo a identificarci come individui con caratteristiche proprie, come lo sono il nostro corpo, il nostro modo di pensare e di fare. Ma per arrivare a questo punto occorre fare esperienza ed apprendere dal bambino, esattamente come dimostra la prova della macchia (di rossetto) in una parte della sua fronte, per poi posizionarlo dinanzi a uno specchio per osservare la sua reazione. Se il bambino prova a toccare la macchia si può concludere affermando che è cosciente di vedere sé stesso allo specchio, ossia il proprio riflesso; pertanto sarà già cosciente di sé stesso come individuo differente dal resto.

Allo stesso modo, con il passare del tempo, acquisisce la coscienza morale, quella che regge il nostro comportamento durante tutta la vita, grazie alla quale apprendiamo ciò che è giusto o sbagliato, all'interno di una determinata società: saranno permessi e anche promossi determinati desideri, pensieri e modi di fare, mentre altri verranno proibiti, perseguitati e castigati. Tutto ciò ci modella come persona e stabilisce un determinato modo di sentire, pensare e fare che determinerà la nostra personalità.

Secondo la teoria dei tratti di personalità, ogni individuo mostra una serie di caratteristiche e tutte insieme, unite, vanno a formare la personalità dell'individuo. A seconda dell'autore a cui ci riferiamo, ogni persona può avere più di un carattere e in ognuno di essi può presentarsi con maggiore o minore intensità.

Lo psicologo tedesco Hans Eysenck espose il suo modello basato nelle tre dimensioni della personalità:

- Estroversione, valuta la dimensione sociale della persona.

- Nevroticismo (ansia), valuta la dimensione emotiva della persona.

- Psicoticismo, valuta la dimensione di impulsività della persona.

Di modo che una persona, ad esempio, possa avere un livello basso di estroversione, alto di nevroticismo e medio di psicoticismo o qualsiasi altra combinazione possibile.

Nel modello dei Big Five (cinque grandi) si tengono in considerazione,come indica il nome, cinque tratti di personalità:

- Estroversione, valuta l'adattamento sociale, emotivo, assertività (chiacchierone, silenzioso, franco, schietto, taciturno, avventuroso, prudente, socievole, scontroso...).

- Instabilità emotiva (nevroticismo), valuta il controllo emotivo, nevroticismo, affettività (equilibrato, nervoso, teso, tranquillo, ansioso, pacifico, ipocondriaco).

-Apertura all'esperienza, valuta l'intelletto inquisitivo, cultura, intelligenza, apertura all'esperienza (sensibilità artistica, intellettuale, mentalità chiusa, immaginativo, rozzo...).

- Responsabilità, valuta la volontà di successo,

scrupolosità, responsabilità (esigente, lindo, negligente, informale, rigoroso, accondiscendente, perseverante, inconstante...).

- Amabilità, valuta l'approvazione, gradevolezza, simpatia, condiscendenza amichevole (buon carattere, irritabile, geloso, ostinato, dolce, cooperativo...).

Basato sulla teoria dei tratti di personalità, si stanno scoprendo quali caratteristiche siano maggiormente presenti in quei pazienti che presentano malattie psicosomatiche, di modo che si possa arrivare a comprendere in che modo si producono e soprattutto i motivi. Tanto nel modello di Eysenck quanto nel modello Big Five, il tratto di personalità determinante per i disturbi psicosomatici è il nevroticismo; così una persona che esibisca alti livelli di nevroticismo, avrà maggiori possibilità di soffrire di sintomi psicosomatici rispetto ad un'altra con maggiori livelli di controllo delle sue emozioni. Le persone con alti livelli di nevroticismo, si mostrano emotivamente instabili per far fronte alle domande stressanti della vita, sentendosi generalmente tristi e oppresse, con difficoltà a controllare ed esprimere le proprie emozioni. Tra i tratti più abituali tra i pazienti più propensi a mostrare sintomi psicosomatici vi sono i perfezionisti, con alte aspettative di successo, molto responsabili che idealizzano la propria vita e le proprie relazioni, con tendenza a dettagliare i problemi e a negare le difficoltà. Alcune di queste caratteristiche della personalità che "predispongono" a lamentare una sintomatologia psicosomatica, si inseriscono all'interno della personalità di Tipo A, definito per la prima volta dai cardiologi Rosenman e Friedman dell'Ospedale Monte Sinai di San Francisco (California).

- Nella personalità di Tipo A predomina l'aggressività, competizione, tendenza al perfezionismo, egoismo, con problemi di controllo delle emozioni. Questo tipo di personalità si relaziona con una maggiore predisposizione a soffrire di malattie coronariche.

Dinanzi al tipo A gli stessi autori pongono le basi per il tipo B, il quale mostra caratteristiche di personalità opposte al primo e che hanno una funzione "protettiva" nei confronti della salute.

- Nella personalità di tipo B predomina la tranquillità, la calma e la quiete, sono creativi con tendenza a prendersi del tempo per le proprie attività, ottenendo alti livelli di successo dovuti alla propria costanza.

Il modello originale, esposto dai suoi scopritori, prospettava una dualità tra la personalità di tipo A e quella di tipo B; negli anni 80 si aggiunse un nuovo tipo, chiamato di tipo C, nominato per la prima volta da Morris e Greer.

- Nella personalità di tipo C predomina l'incapacità di

comunicare emozioni, soprattutto quelle negative, come l'ira, la rabbia o la tristezza, occultando le proprie necessità e preferenze, essendo poco assertiva, sottomessa ai desideri degli altri, con grande autocritica e tendenza a colpevolizzarsi per ciò che succede di sbagliato nella propria vita. Sono persone che tendono a soffrire di determinate malattie come cancro e altre malattie autoimmuni (lupus, artrite reumatoide o sclerosi).

Fino agli anni 90 non si incorpora l'ultimo tipo di personalità chiamato D, scoperto da Denollet e Brutsaert.

- Nella personalità di tipo D la persona si mostra segnata dalle emozioni negative di forma cronica, con pessimismo e inibizione sociale, il che lo porta ad avere maggiori livelli di ansia, irritazione e stati depressivi,non condividendo i propri sentimenti per paura di non essere approvato dal resto della società. Inoltre, le persone che mostrano questi tratti di personalità, hanno più probabilità di soffrire di disturbi dello stato d'animo, come depressione e ansia, e malattie psicosomatiche come ulcere peptiche e disturbi vascolari come ipertensione, cardiopatie ischemiche o aritmie, con un rischio maggiore a soffrire di infarti del miocardio.

Attualmente si sta facendo ricerca in diversi ambiti per poter spiegare la relazione esistente tra il corpo (soma) e la mente (psiche), di modo che ci si possa rendere conto delle malattie psicosomatiche, scoprendo come determinati tratti della personalità possano interferire nella predisposizione a soffrire di una determinata malattia, fattori che influiscono anche nel corso della malattia e nel totale recupero.

Come già detto, la personalità ha una grande influenza sulla salute, ma è possibile predire lo stato di salute sulla base della personalità?

Questo è stato precisamente l'obiettivo dello studio dell'Università Mount Saint Vincent (Canada) pubblicato recentemente in psicologia. Allo studio parteciparono 172 alunni, di età compresa tra i 19 e i 30 anni. Tutti i partecipanti furono valutati sul controllo del luogo geometrico come caratteristica della personalità, per questo scopo gli autori utilizzarono la scala di Rotter L.O.C. Per valutare il livello di salute mentale, i partecipanti completarono la scala di benessere psicologico di Ryff (con sei componenti della salute mentale).

I risultati mostrarono che ci sono associazioni positive significative tra i sei componenti della salute mentale e il locus of control. Con questo studio gli autori hanno sottolineato il controllo del locus come una caratteristica fondamentale della salute mentale.

In questo capitolo sono state analizzate le principali

cause della presenza dei disturbi mentali, soffermandosi in ognuno di essi e includendo esempi chiari su come ognuno di essi danneggi la salute mentale della persona. Di seguito analizzeremo qual è l'ambito di applicazione della Psicologia Clinica.

Capitolo 4. Ambiti di applicazione della Psicologia Clinica.

Possiamo affermare che l'ambito della salute mentale è ampio e non si circoscrive ai disturbi psicologici, dato che sono presenti anche in altre patologie (co-morbilità), siano esse fisiche o psicologiche.

La presenza di co-morbilità è un indice negativo in quanto il trattamento e il possibile recupero, poiché la presenza di due o più disturbi alla volta, fa sì che abbiano priorità i sintomi più gravi e pressanti (acuti) in diminuzione rispetto ad altri ormai cronici. Tale è il caso del trattamento del cancro, il quale è una malattia con gravi conseguenze per la salute fisica ed emotiva del paziente. A seconda del tipo, della sua estensione o del luogo in cui è situato potrà avere un migliore o peggior pronostico il trattamento del cancro. Nel caso in cui si possa intervenire, secondo le caratteristiche menzionate sopra, lo specialista opterà per la chirurgia, la radioterapia o la chemioterapia.

La chemioterapia è una tecnica aggressiva che cerca di arrestare lo sviluppo della malattia in quanto attacca direttamente le cellule cancerogene.

Anche se attualmente ci sono stati degli sviluppi riguardo la chemioterapia, produce comunque molti effetti negativi sulla salute fisica e mentale del paziente, ma fino a che punto i problemi psicologici interferiscono nel trattamento del cancro?

Questa è una domanda a cui cerca di rispondere una ricerca realizzata dal dipartimento di Psichiatria, unità di psico-oncologia dell'Ospedale Centrale dell'Università di Coimbra (Portogallo), i cui risultati sono stati pubblicati nella rivista scientifica Advances in Pharmacoepidemiology & Drug Safety.

Allo studio parteciparono 110 pazienti oncologici sottoposti a chemioterapia, di età compresa tra i 23 e gli 82 anni, di cui il 40,9% di sesso femminile.

Per valutare l'incidenza dell'aspetto psichiatrico si tenne in considerazione la medicazione ricevuta, che fossero ansiolitici come le benzodiazepine, antidepressivi o antipsicotici. I risultati mostrano che il 51,8% dei pazienti oncologici sottoposti a chemioterapia, vengono curati anche per problemi psicologici.

Di questi il 90,5% hanno ricevuto il trattamento associato ai disturbi d'ansia; il 59,6% associato al Disturbo di Depressione Maggiore e l'8,2% a disturbi psicotici. Pertanto, i problemi psicologici, oltre a interferire sulla qualità di vita del paziente, possono intersecarsi anche con l'efficacia del trattamento contro il cancro, come segnalano gli autori della ricerca. Nonostante lo studio distingua il numero di casi a seconda del tipo di cancro, tale informazione non si utilizza per separare i risultati anteriori; per cui non si può sapere se un tipo specifico di cancro, ad esempio il cancro alla mammella apporti più problemi psicologici o meno.

Allo stesso modo, lo studio raccoglie informazioni riguardo al tipo di psicotropico ricevuto, ma non sulla diagnosi che ha condotto a questo tipo di trattamento.

Inoltre, con le limitazioni anteriori, occorre risaltare l'importanza dell'interazione tra i medicinali nel momento in cui si affronta il trattamento del cancro e il modo in cui i psicotropici possano influire nell'efficacia dello stesso.

Esattamente come indicato dagli autori dello studio, conoscere la percentuale di psicotropici utilizzati nel trattamento della chemioterapia è un primo passo per disegnare terapie che lo tengano in conto e che riducano gli effetti di interfaccia che possano provocare i psicotropici.

In alcuni casi è possibile che i trattamenti siano incompatibili quando si presentano due malattie contemporaneamente, è il caso dei problemi coronari dinanzi all'Alzheimer.

Anche se attualmente non si conoscono i motivi della comparsa dell'Alzheimer, si conoscono alcune cause considerate come fattori di rischio della demenza come ad esempio i disturbi cardiovascolari. Sono varie le patologie che possono essere incluse in tale categoria di disturbo vascolare come l'ipertensione, l'ipercolesterolemia (colesterolo alto nel sangue) o l'insufficienza cardiaca tra gli altri. Tutti quanti richiedono una medicazione specifica che faciliti il flusso sanguigno. Ma il trattamento si può complicare quando queste persone oltre a soffrire di tali problemi cardiovascolari soffrono anche di altre patologie importanti come l'Alzheimer.

Anche se al momento non esiste una cura per l'Alzheimer, sul mercato esistono vari medicinali che tentano di combattere il suo sviluppo, dando così più tempo alla qualità della vita del paziente e frenando lo sviluppo di questa malattia neurodegenerativa.

In alcuni studi precedenti, si è osservato come determinati medicinali possono avere una certa incidenza nell'efficacia del trattamento dell'Alzheimer.

Inoltre occorre tenere in considerazione che l'età dei pazienti solitamente è elevata, pertanto è molto importante aggiustare i medicinali in modo che siano il più efficaci possibili affinché combatta tanto lo sviluppo dell'Alzheimer quanto il disturbo cardiovascolare specifico che soffre ogni paziente. Da qui l'importanza di avere qualche riferimento sulla percentuale di pazienti con Alzheimer che stanno utilizzando anche medicinali per trattare i disturbi cardiovascolari. Questo è precisamente ciò che cerca di scoprire l'Istituto Karolinska, l'Università Stockhol, l'Ospedale Universitario Karolinska (Svezia), il Centro Internazionale di Ricerca Clinica e l'Ospedale Universitario di Santa Ana (Repubblica Ceca) i cui risultati sono stati recentemente pubblicati in Alzheimer's Research & Therapy.

Per l'analisi dei dati è stato consultato il Registro Nazionale del Governo svizzero tra il 2007 e il 2012, includendo 28.722 pazienti a cui era stata diagnosticata demenza. Di questi, entrarono a far parte della ricerca solo 21.458 pazienti a cui era stato diagnosticato l'Alzheimer, dei quali il 42% erano di sesso femminile.

I risultati sono chiari: più del 65 per cento delle persone che parteciparono allo studio è stato sottoposto a trattamenti per disturbi cardiovascolari.

Inoltre, lo studio segnala una serie di dati senza valutarli, come il fatto che gli uomini utilizzano più medicinali per il cuore rispetto alle donne; che le persone che vivono da sole utilizzano meno medicinali per il cuore; e che con l'innalzarsi dell'età anagrafica aumenta anche il consumo di tali farmaci.

Come indicato dagli autori di tale ricerca, questo deve essere un fattore importante nel momento in cui si stabilisce il trattamento congiunto, poiché, in nessun caso, uno possa danneggiare negativamente l'altro. Inoltre si ritiene necessario progettare cure che possano curare entrambe le patologie.

Lo studio non valuta qual è la relazione esistente tra i due, ma segnala che i disturbi cardiovascolari sono un fattore di rischio. A titolo informativo, se le persone che soffrono di disturbi cardiovascolari sono associate a un determinato tipo di personalità, il tipo A, associato ad alti livelli di competitività e stress, allora bisognerebbe chiedersi se le persone con personalità di tipo A hanno maggiori possibilità di sviluppare l'Alzheimer.

Come vediamo, la persona non può escludersi dalla sua biologia né tanto meno dalla sua genetica, pertanto occorre tenere in considerazione una approssimazione completa dell'individuo, tenendo inoltre in considerazione la componente sociale dello stesso, cioè la rete di appoggio sulla quale può contare. Per quanto riguarda l'ambito della Psicologia Clinica, si estende principalmente a tre ambiti: i pensieri, i sentimenti e il comportamento. Anche se questa è una distinzione meramente "accademica", giacché le psicopatologie non si escludono tra di loro. Le categorie stabilite dal C.I.E.-10:

A) Nell'ambito dei pensieri possiamo trovare disturbi:

- Disturbi mentali organici, inclusi i sintomatici;

- F20-F29 Schizofrenia, disturbo schizotipico e disturbi di idee deliranti;

- F10-F19 Disturbi mentali e del comportamento dovuti al consumo di sostanze psicotrope;

- F60-F69 Disturbi della personalità del comportamento;

- F70-F79 Ritardo mentale;

- F80-F89 F95.9 Disturbi dello sviluppo psicologico.

In tale categoria si includeranno problemi di salute mentale importanti come:

F00 Demenza nella malattia dell'Alzheimer;

F20 Schizofrenia;

B) Nell'ambito dei sentimenti, il più frequente nella pratica clinica, abbiamo:

- F40-F48 Disturbi nevrotici, secondari a situazioni stressanti e somatomorfe;

- F30-F39 Disturbi dell'umore (affettivi);

- F90-F98 F51.8 Disturbi del comportamento e delle emozioni con inizio abitualmente nell'infanzia e nell'adolescenza.

In questa categoria si includeranno problemi di salute mentale importanti come:

F30 Episodio maniacale;

F31 Disturbo bipolare;

F32 Episodi depressivi;

F40 Disturbi di ansia fobica;

F42 Disturbo ossessivo-compulsivo.

C) Nell'ambito del comportamento troveremo:

- F10-F19 Disturbi mentali e del comportamento dovuti al consumo di sostanze psicotrope;

- F50-F59 Disturbi del comportamento associati a disfunzioni fisiologiche e a fattori somatici;

- F 90-F98 F51.8 Disturbi del comportamento e delle emozioni con inizio abituale nell'infanzia e adolescenza.

In tale categoria si includeranno problemi di salute mentale importanti come:

F50 Disturbi del comportamento alimentare;

F90 Disturbi ipercinetici.

L'ambito della Psicologia Clinica pertanto abbraccia tutto lo spettro della psicologia della persona quando questa smette di essere "adeguata" a seconda dei criteri che si stabiliscono in ciascun caso. Ciò significa che in un momento determinato un comportamento, un pensiero o sentimento potrebbe essere considerato patologico e in un altro invece no, in funzione del cambiamento dei criteri stabiliti, così come è successo recentemente con il lutto.

Normalmente quando si parla di dolore si pensa al dolore "fisico", cioè quello che ha una causa esterna, percepita attraverso i sensi e trasmessa al cervello per il suo procedimento, ma esiste anche un altro tipo di dolore, di origine psicologica denominato lutto.

Il lutto che sperimenta una persona quando perde qualcuno o qualcosa che ama, maggiore sia la prossimità fisica o emotiva verso tale persona, o la stima che si ha verso quel particolare oggetto, maggior effetto avrà sulle sue emozioni. Ovvio che "non si può comparare" la perdita di un familiare con quella di un cane o di un giochino che si aveva da piccoli, ma il vissuto psicologico può essere ugualmente intenso nei tre casi poiché dipende dal l'affetto che si provava. Il "dolore" che si sente è tanto profondo che può arrivare ad essere interdetti, che inoltre viene accompagnato da uno stato d'animo decadente, con perdita di interesse per le attività che prima risultavano "piacevoli", cercando isolamento e distanza dal resto del mondo, soprattutto da coloro che "fanno ricordare" la perdita, arrivando anche a voler cambiare luogo in cui si vive per evitare di incontrare i "propri ricordi".

Probabilmente i "dolori" più intensi per i figli provengono dalla perdita dei propri genitori, specialmente della madre, poiché è su questa figura che ricadono i lavori di attenzione, protezione, alimentazione e assistenza, oltre ad essere la prima figura d'amore. Per riuscire a superare il "passaggio" del lutto, bisogna seguire una serie di tappe che portano il "superstite" ad accettare la sua "nuova condizione" sapendo che la persona amata che è passata a miglior vita non smetterà mai di essere presente, in una forma o in un'altra. Secondo Kübler-Ross devono susseguirsi 5 tappe: negazione, ira, negoziazione, depressione e accettazione. Anche se dovesse arrivare un "sostituto", un patrigno o una matrigna, questo non farà dimenticare il dolore sentito per la perdita, anche se lo mitiga nella misura in cui "riempie" parte del vuoto affettivo lasciato dalla "separazione". Ciò permette alla persona di "scaricare" i pensieri ricorrenti che solitamente accompagnano il lutto, come "Se lo avessi saputo...", "Se invece di...", "Se gli avessi dedicato più tempo"; pensieri che possono generare "falsi" sentimenti di colpa, con cui la persona può arrivare a "cadere", attribuendosi la responsabilità di alcuni fatti che nella maggior parte dei casi sono imprevisti e lontani dal suo controllo.

In tutte le società si stabiliscono determinati rituali

intorno al defunto, che servono come manifestazione pubblica del dolore, che a lungo andare aiutano i "superstiti" visto che hanno avuto l'opportunità di comunicare i propri sentimenti e che i presenti mostrino loro appoggio e affetto, tutto ciò che facilita il "transito" che implica anche un cambio di ruolo in cui il coniuge diventa vedovo e il figlio/la figlia orfano/a.

Partecipare a questi riti fa sì che il minore senta che sta "agendo", facendo qualcosa per "onorare la memoria" del suo progenitore morto e che inoltre può contare sull'appoggio dei familiari e degli amici che lo accompagnano. Tutto ciò lo aiuta a farsi carico della "perdita" e a prenderne coscienza. Ad ogni età bisogna aiutare il minore ad accettare la notizia, anche se nel caso dei più piccoli, questi ultimi non intendono la nozione di "morte" come qualcosa di permanente. Occorre sempre dirgli la verità ma di modo che possano capire.

Anche se il tempo sembri giocare un ruolo importante come "catalizzatore" producendo effetti "sanificatori" distanziando la persona dall'episodio doloroso, si è sviluppata una serie di tecniche che cercano di aiutare a superare la situazione; per questo motivo, i centri educativi fanno affidamento su un counseling o orientatore scolastico, il quale utilizza tecniche di gioco per far esprimere i sentimenti al minore, nuova situazione nella sua vita, facilitando così il "transito" del lutto, facendo sì che questo non lasci "conseguenze" nella vita adulta, o almeno così afferma uno studio realizzato congiuntamente dall'Università della Georgia del Sud e l'Università di Alabama (USA) i cui risultati sono stati pubblicati nella rivista scientifica Professional School Counseling, in cui si disegna/prepara un piano di intervento del lutto nella scuola, cercando di far trovare al minore l'appoggio e l'aiuto necessari in questi momenti difficili all'interno dell'"ambiente naturale" della scuola.

Come già detto, il lutto è quello stato psicologico che si sperimenta nel momento in cui si perde una persona cara ed è considerato come una transizione per recuperare il suo stato "normale" anteriore.

Ma il lutto non è esclusivo della perdita di un familiare, giacché si può sentire per altre persone o animali con cui esista un forte vincolo emotivo.

Maggiore sarà il vincolo emotivo, maggiore l'effetto della perdita; allo stesso modo se l'evento che ha causato la perdita è stato repentino, maggiore sarà questo sentimento di perdita.

Così il lutto per la perdita di un figlio che è morto in un incidente stradale, un fine settimana in cui è uscito con gli amici, sarà sentito più doloroso rispetto alla morte di un amico di nostro padre malato da tempo.

Questa perdita avrà effetti emotivi e sullo stato d'animo della persona, avendo conseguenze sul sonno, l'appetito e in alcuni casi sfociando in un disturbo di Depressione maggiore, ma in che modo il lutto ha conseguenze sulla Felicità?

Questo è ciò a cui si cerca di rispondere con una ricerca all'Università di Jinan (Cina), i cui risultati sono stati pubblicati nella rivista scientifica Psychology.

Allo studio parteciparono 283 studenti, tra cui 148 ragazze di età compresa tra i 20 e i 26 anni. I partecipanti furono separati secondo tre condizioni sperimentali: durante la prima i partecipanti riempirono un questionario standard sulla felicità denominato Gallup Happy Mood Questionnaire and Life Satisfaction Scale, prima e dopo della loro condizione sperimentale. Alla metà dei partecipanti si presentò del materiale che conteneva eventi di perdita provocando così un "lutto artificiale", mentre all'altra metà non si somministrò alcun materiale: ci furono cambiamenti significativi solo nel gruppo che ricevette il materiale.

Nella seconda condizione sperimentale, si chiese ai partecipanti di valutare cosa mancava a un determinato disegno: prima la metà doveva ricordare un fatto di perdita personale di un "lutto naturale". I risultati mostrano che chi ricordava una perdita valutavano male il compito, amplificando così ciò che mancava.

Nella terza condizione si combinarono le due precedenti, ottenendo risultati simili, ma stavolta con il contenuto del materiale di perdita e non basato su un'esperienza personale, cioè un "lutto artificiale".

Una delle limitazioni dello studio è la valutazione immediatamente posteriore all'esperimento, ciò che regisra un effetto puntuale, ma non è permesso sapere se questo "lutto" provocato si mantiene nel tempo oppure no.

Allo stesso modo, non è stata valutata alcuna caratteristica di personalità per sapere se è presente qualche tratto che simuli in che modo avviene la perdita.

Infine, nonostante si registri il numero dei partecipanti maschili e femminili, non si è realizzata un'analisi separata per sapere se gli effetti sono uguali sia per gli uomini che per le donne, o non è legato al genere.

Nonostante quanto detto finora, lo studio insiste sull'importanza dello "sbieco emotivo" che si produce dinanzi alla perdita sia essa naturale o artificiale, in cui la persona che soffre per il lutto è incapace di vedere qualsiasi cosa che lo renda felice in questi momenti.

In questo modo si spiega in che modo alcune persone passano dal lutto al Disturbo di Depressione Maggiore, poiché non sono capaci di "uscire" dalla loro situazione perché vedono tutto di sbieco, in cui si amplifica tutto ciò che c'è di negativo nella loro vita dovuto alla sofferenza per la perdita, essendo capaci di essere felici per ciò che anteriormente invece li rendeva felici.

Una volta che conosciamo la cornice teorica e le ultime ricerche rispetto al lutto, torniamo ad occuparci dell'aspetto che ci riguarda, sui cambiamenti normativi nei manuali di diagnosi clinica e del modo in cui questi si riflettono con delle variazioni in ciò che si considerava o meno patologico.

Una delle discussioni più accese tra i professionisti della Salute Mentale nel momento in cui si deve affrontare la riforma del D.S.M.-V è stata riguardo al modo di affrontare la tematica del lutto.

Il manuale di riferimento per la diagnosi e il trattamento (D.S.M.) viene revisionato periodicamente dagli esperti, includendo nuove psicopatologie ed escludendone altre. Nell'ultima versione, la quinta, sono stati pochi i cambiamenti ma, allo stesso tempo, sono stati tra i più polemizzati. Uno tra i più rilevanti è stato quello riferito alla considerazione del lutto, come ente proprio o come parte della depressione. Il lutto è una tappa che passa una persona quando perde qualcuno di importante per la propria vita, e se guardiamo indietro scopriamo che in alcuni paesi si poteva vedere riflesso nel modo di vestirsi e in alcuni atti come la veglia funebre.

Il lutto ha una parte importante di vissuto personale, ma anche sociale grazie al quale si riceve appoggio e consolazione da amici e parenti, così come le condoglianze. Quando una persona sperimenta il lutto, si sente abbattuto, triste, svogliato, perdendo anche il senso di ciò che si fa; qualcosa di logico e normale all'interno della società. Il problema è che questi sono sintomi anche della depressione o, come si chiama in psicopatologia Depressione Maggiore.

Alcuni esperti hanno segnalato che, se condividono gli stessi sintomi, è perché si tratta dello stesso problema di salute. Altri, invece, lo differenziano dovuto al fatto che esiste una "causa che lo giustifica".

Un'altra polemica è stata sollevata sulla durata del lutto: in alcune tradizioni è stabilito che il lutto deve durare un anno, in altre sette giorni.

Prima del DSM-V, si stabiliva che se il lutto eccedeva i due mesi, doveva essere curato clinicamente come Depressione Maggiore. Oggigiorno non si rispetta il periodo minimo di due mesi, per cui può essere diagnosticato e trattato nel momento in cui appaia la sintomatologia necessaria per la Depressione Maggiore.

Con questo cambiamento si cerca di dare quanto prima una risposta a un problema di salute mentale tanto importante ed esteso come la depressione, senza la necessità di aspettare due mesi obbligatori come si faceva prima.

Per ciò, il lutto è stato inteso come un "semplice passaggio" per il quale tutti dobbiamo passare quando perdiamo una persona cara, ma occorre "vigilarlo" per vedere che i sintomi non siano tanto importanti come quelli che si potrebbero avere se si sta nascondendo un vero Disturbo di Depressione Maggiore.

Occorre tenere in considerazione che, in qualunque caso, per superare il lutto è fondamentale contare sull'appoggio sociale: familiari e amici che capiscano la situazione e si prendano cura della persona mentre sta subendo un lutto e affinché lo faccia in maniera adeguata.

Inoltre si può distinguere tra lutto e lutto nazionale: il primo fa riferimento allo stato d'animo del familiare, mentre il secondo è una dimostrazione sociale, che varia da paese a paese e che può persino durare anni. Il lutto di per sé non implica alcun rischio per la salute dell'individuo, per cui l'estensione dello stesso non suppone alcun problema, sempre che si seguano le convenzioni sociali. Questo non è l'unico esempio, ma è il più esemplificativo per mettere in evidenza in che modo i cambiamenti nei manuali di diagnosi possono essere sottili o importanti.

Un altro modo di affrontare il campo della Psicologia Clinica è fare delle distinzioni in funzione dell'età dei pazienti che si presentano alle visite, esattamente come faremo in questo Diploma di Psicologia Clinica rispetto ai suoi ultimi due punti, l'intervento può realizzarsi con una divisione in due grandi gruppi:

- Infanzia e adolescenza, che include i problemi di sviluppo cognitivo e di salute mentale dalla nascita fino ai 16 anni. In questo periodo pre3dominano i problemi associati allo sviluppo, come per esempio l'Autismo o il Disturbo di Deficit dell'Attenzione con o senza Iperattività. Inoltre sono frequenti i problemi di comportamento associati a comportamenti antisociali, soprattutto durante l'adolescenza.

- Maturità e vecchiaia, che include le problematiche dell'adulto dai 16 anni fino alla fine della vita. Anche se si occupa del periodo più ampio, i problemi che si possono presentare si considerano omogenei, salvo quelli che corrispondono alla vecchiaia in cui è più frequente l'insorgenza di determinate malattie come l'Alzheimer. In questo ampio periodo dominano i problemi relazionati alle emozioni, principalmente stati depressivi o ansiosi e le loro conseguenze. Inoltre, i problemi di comportamento sono relazionati con le dipendenze e le ossessioni-compulsioni.

Occorre chiarire che, anche se esiste un certo grado di problemi più specifici per una determinata età, alcuni problemi possono sorgere in qualunque momento della vita dell'individuo e altri possono mantenersi lungo la vita. Questo è il caso dei problemi di salute mentale che non hanno una cura, i quali devono essere trattati durante tutta la vita per controllarne i sintomi, come ad esempio la schizofrenia, l'autismo o il TDA fra gli altri.

Con questo ultimo appunto finisce questo primo tema del Diploma in Psicologia Clinica in cui abbiamo realizzato un breve excursus della sua storia, realizzando una distinzione rispetto a rami di studio affini come la Psichiatria, approfondendo la distinzione tra sintomi e manifestazioni in Psicologia Clinica per affrontare il campo di applicazione di tale disciplina nella salute mentale.

84

Capitolo 5. Conclusioni

L'ambito di studio della Psicologia riguarda qualsiasi attività umana, per comprendere come si produce e che tipo di influenza può avere sulla sua vita.

La Psicologia Clinica studia ed analizza le "deviazioni" su ciò che si considera "sperabile" nel pensiero e nel comportamento dell'individuo.

Occorre tener presente che, nonostante tali criteri stiano cambiando con il tempo, il consolidamentodegli stessi permette la comprensione del livello di gravità e della forma migliore di intervento quando si manifesta una psicopatologia.

Su Juan Moisés de la Serna

Dottore in Psicologia, Master in Neuroscienze e Biologia del Comportamento, Specialista in Ipnosi Clinica, riconosciuto dall'International Biographical Center (Cambridge - U.K.) come uno tra i migliori cento professionisti della salute nel mondo del 2010. Sviluppa il suo lavoro di docente in diverse università nazionali e internazionali.

Divulgatore scientifico con partecipazioni a congressi, e seminari; collaboratore in diversi giornali, mezzi digitali e programmi radio; autore del blog "Cátedra Abierta de Psicología y Neurociencias" e di 17 libri su diverse tematiche.

Attualmente sviluppa il suo lavoro di ricerca nell'ambito dei Big Data applicato alla Salute, paraer il quale lavora con dati provenienti dall'India, Stati Uniti o Canada tra gli altri, lavoro che compie con l'Assessorato alle Startup tecnologiche orientate alla Psicologia e al Benessere personale.